JN410851

이명세 시집

상상의 끈 뚜벅뚜벅

이명세 시집
상상의 끈 뚜벅뚜벅

초판 1쇄 인쇄일 2016년 7월 7일
초판 1쇄 발행일 2016년 7월 15일

지은이 이명세
펴낸이 양옥매
디자인 남다희
교　정 조준경

펴낸곳 도서출판 책과나무
출판등록 제2012-000376
주소 서울특별시 마포구 방울내로 79 이노빌딩 302호
대표전화 02.372.1537　**팩스** 02.372.1538
이메일 booknamu2007@naver.com
홈페이지 www.booknamu.com
ISBN 979-11-5776-220-0(03810)

이 도서의 국립중앙도서관 출판시도서목록(CIP)은 서지정보유통지원 시스템 홈페이지(http://seoji.nl.go.kr)와 국가자료공동목록시스템 (http://www.nl.go.kr/kolisnet)에서 이용하실 수 있습니다.
(CIP제어번호 : CIP2016015718)

이명세 시집

상상의 끈 뚜벅뚜벅

책과나무

■ 시인의 말

얼굴 내민 홍매화 왜 성급했을까
머리 떨구는 동백꽃 무엇이 서운한가
초봄에 만남과 이별 둘이 아닌 하나네

목청 높인 참매미 7년 세월 미련일까
팔월에 영근 색깔 녹색에 지겨움일까
한여름 익어 가는 삶 지난 시름 잊었다

불긋한 옷 입은 산 옷 벗으면 어쩌나
키 큰 수수 수줍어서 고개를 숙이는가
가을에 풍요한 결실 곧 올 가난 모른다

옷 벗은 민망한 나무 그전엔 어땠기에
갈잎에 훤한 구멍 무슨 일이 있었나
우리도 낙엽 같은 삶 별반 없는 한평생

내 눈 속에 앉아 있는 모든 것들을
존중하고 사랑하리라.

2016년 봄, 수안
이명세

■ 목차

3부

4부

5부

황무지 잡초에서
들꽃으로 버텼다

산그늘 늘어지고
은빛 별 흩뿌리니

골 깊은
서러운 상처
미소로 남은 흑백사진

1

아내

연분홍 꿈을 품은
수줍은 새색시

파랑새에 몸을 싣고
향수를 고이 품고

에굽은
험한 여로旅路도
사랑으로 걸었다.

부딪히고 견딘 나날
마음속 새겨 두고

그렇게 도장 찍고
오십 고개 넘고 보니

어느새
어머니 닮은
향기 진한 함박꽃.

이제는 낯이 설은
고향도 가물가물

이소한 새끼 보는
절박한 어미새 눈

그렁한
붉은 눈시울
그때에 장모님 눈물.

어머니

산란 후 허연 배를
하늘에 보인 연어

초점 잃은 눈부처
회한만 가득하다

죽어도
잊을 수 없는
놓지 않는 자식 사랑

난청難聽

이명이 사각사각
난청도 함께 왔다

찾아온 손님이니
공손이 대접하자

손님 왈
가려서 듣고
말을 적게 하란다.

향수鄕愁

오 남매 오순도순
둘째 넷째 누이 이주

푸르른 은하수를
파랑새로 넘어갔다

고난은
질기고 질긴
넝쿨처럼 매달렸다.

낯설은 타향살이
멍울 든 저린 가슴

눈물 적신 손수건에
붉은 구슬 담았다

그리움
한 움큼 삭여
땀땀이 수놓았다.

이국이 편한 지금
주인이 된 이방인

깊어진 주름 골에
켜켜이 쌓인 회한

오늘밤
하얀 향수가
은하수 되어 반짝일까.

아버지

– 치매

선명히 살아오는
어릴 적 설렌 가슴

웃자란 세월이야
비껴가면 그만이지만

봄볕에
시린 등 적실
그 눈빛이 그립다.

가뭄에 갈라진 농심
기억 사슬 오락가락

이마에 파인 주름
물꼬 튼 나이 물길

아버지
살아온 세월
화폭 가득 담았다.

검버섯 속마음 닫은
낯설은 이방인처럼

한 번쯤 어린 듯이
목 놓아 울고 싶은

가슴속
맺힌 응어리
어디쯤 부려 놓을까.

그림자

짧고 길고 죽고 사는
변덕스런 동반자

언제나 가면 쓰고
말 없는 감시자

조용히
수화로 하는
진솔한 길동무.

있어서 내가 있는데
늙어지는 주인인 너

껍질 속 하얀 속살
감춰진 본래 모습

딱딱한
껍데기 벗고
맑은 향을 피워라.

중년의 초상

황무지 잡초에서
들꽃으로 버텼다

산그늘 늘어지고
은빛 별 흩뿌리니

골 깊은
서러운 상처
미소로 남은 흑백사진

식재료

덧없는 강제 이주
맛닿은 물불 갈피

꽃상여 단장하고
이타행利他行 길 떠난다

제명命 산
기갈 든 동물
이기심에 불탄다.

구석기인의 얼굴

우연히 빗장을 연
손톱 같은 얼굴 조각

도톰한 앵두 입술
실웃음 스민 눈매

먼 옛날
귀여운 미소
진화의 꿈 품었다.

구걸

찬 바닥 엎드리고
절박한 동전 한 닢

법당 속 오체투지
절절히 빌고 비는 복

오호라
거지 구걸이
더 소박한 기도네.

불면증

자장자장 달래 봐도
망상의 되새김질

어제오늘 내일까지
얽히는 삼색 타래

줄 잇는
하얀 상념들
내 안에서 앙뚱하다.

고속도로

산과 들 긴 획으로
뻗치는 자동차들

오방색 이은 행렬
불끈한 핏줄 동맥

저마다
푸른 꿈 찾아
발통 바삐 구르네.

시집가는 날

가슴속 깊게 묻은
서글픈 석별의 정

희망찬 파란 꿈결
새롭게 맺은 사랑

한날에
기쁨과 슬픔
시소처럼 기운다.

욕정

마음은
싱숭생숭
퐁
퐁
퐁
솟는 샘물

온몸은
스멀스멀
활
활
활
화산 연기

치솟아
넘쳐흐르는
마그마의 눈물샘.

취업난

훈훈한 꽃바람에
초록 꿈 짙어지고

봄 텃새 찾아와서
새 둥지 품었는데

아버지
나 어떡해요
아른하는 토끼 눈

그리움

강 건너 산을 넘은
흰 구름 아득한 곳

천상에 사람들이
옹기종기 산다면

흐르는
저 구름 아래
울 엄마도 살았으면

장자莊子의 꿈

– 북극 항로에서

두둥실 흰 구름 위
독수리 타고 날다

극한의 온도 속에
기내는 신선의 집

다 함께
이동한 공간
상상의 끈 뚜벅뚜벅.

하늘을 가로막는
장애는 하나 없다

손오공 근두운도
이러진 못했다.

그 옛날
장자의 나비
무극無極을 배회한다.

차디찬 얼음장 밑
마음이 시려 오는

손수건 곱게 펴서
쏟아 내는 수정 구슬

돌돌돌
녹색 소리에
여기저기 눈을 뜬다

2

홍매화 1

살그미 절 담 넘어
초롱한 눈망울들

스님 새벽 기척에
봉긋한 빨간 얼굴

해 뜰 녘
예쁜 미소로
새 소식을 알린다.

홍매화 2

긴긴날 웅크린 몸
팔 펴고 나와 보니

시엄마 매운 소리
홍조 띤 놀란 얼굴

용기는
곧 올 아픔도
기꺼이 감수하는 것

봄이 오는 소리

차디찬 얼음장 밑
마음이 시려 오는

손수건 곱게 펴서
쏟아 내는 수정 구슬

돌돌돌
녹색 소리에
여기저기 눈을 뜬다.

봄비 1

한겨울 웅크린 산사
묵은 먼지 씻겨 나고

임 향한 중생 마음
촉촉이 젖었는데

똑똑똑
백팔번뇌도
추녀 끝에
떨어진다.

봄비 2

대지大地가
하늘 만나
사랑하여
흘린 눈물

백목련
눈을 뜨고
적동백
뚝뚝 진다

인생은
오고 가는 것
오는 목련
알았을까.

목련

울담 밑 후미진 곳
잔설 아직 오돌오돌

봉긋한 봄 처녀가
담 밖을 기웃댄다

아마도
기다린 마음
어디 그 처자뿐일까.

비 개인 아침
– 벚꽃

지난밤 검은 하늘
화내며 울었는데

아리한 아가씨들
버텨서 반가웠다

임들은
갈색 껍질을
비집고 눈을 뜬다.

이별의 녹색 예감
점점 짙어 오는데

꽃잎은 하늘하늘
실바람에 천진하다

그 이별
문뜩 그렇게
안쓰럽게 다가온다.

축제가 끝난 자리
생이 꿈틀거린다

새순은 틈 사이로
파란 꿈을 내민다

다가올
뻔한 아픔들
그래도 설레인다.

꽃가루

따스한 생명수를
치마폭 고이 받아

빨 노 파 두루 섞어
빛 곱게 물든 꽃물

연노랑
새 도령들이
임 찾으러
난분분

첫 버스를 타는 사람들

긴 밤 뒤척뒤척 떠날 채비 부산한데
꽃보다 앞서려는 치열한 삶의 무게
어둠 속 시퍼런 마음 열어젖혀 짠하다.

출발선 서성대던 팽팽한 그 활시위
여명을 앞서가고 마음이 시려 와도
언제나 첫차의 꽃등 희망으로 밝힌다.

차창 밖 바라보는 힘찬 발걸음들
두터운 긴 침묵 속 먹구름 드리워도
사월의 초록 숨소리 파릇파릇 눈뜬다.

성년식

– 성년례식장에서

장미 향 짙어질 때
민들레 흰옷 꽃씨

따스한 꽃바람에
떠나면 여행 준비

푸르른
희망을 찾아
훌훌히 길 떠난다.

새 희망 꿈을 꾸는
해맑은 여린 것들

가야 할 험한 여정
흰 구름 애달파도

얘들아
살아 보니까
그래도 살 만하단다.

등산

– 인간의 오해

고요한 저 청산은
초대한 적이 없다

흉한 흉터로 남은
불청객의 핏자국들

직립의
무례한 몸짓
저들만의 짝사랑

비 오는 날의 상념

세상은 젖어 가고
마음이 젖어 온다

새들은 둥지 틀어
초록 향 짙게 품고

대지는
음기 마시고
초록으로 눈뜬다.

빗방울 노크 소리
가슴을 활짝 열고

황톳물 흐른 강가
정지된 외다리 학

멈춘 건
움직임이고
움직이는 건 멈췄던 것.

나는 누구이며
여기는 어디인가

어디쯤 가고 있고
어디로 가는 것이냐

촉촉이
젖은 생각에
간절한 대포 한잔.

옛날 할아버지 때

가파른 깔딱 고개
춘삼월 보릿고개

청보리 푸른 물결
할아버지 멍든 가슴

한 자식
하늘로 가면
뻐꾹 소리 서럽다.

새벽 비

은근한 인기척에
어둠을 간질이고

선잠 깬 새벽이
야뇨 자국에 움찔

물 마신
뜰 앞에 잡풀
키득키득 웃는다.

달과 별 나 몰라라
구름 위로 꼭꼭 숨고

살며시 부는 바람
아는 듯 살랑살랑

똑똑똑
처마의 낙수
천진하게 알린다.

아침 안개

물안개 스멀스멀
세상이 지워진다

지쳐서 잠든 세상
먼 곳부터 지워 온다

햇살을
포근히 품고
신선 세계를 그릴 게다.

지워진 오방색깔
여백 훤한 수묵화

번뇌도 지워지면
마음도 가볍다

지금은
너와 나 없는
신선 세계 놀이터.

물방울 수정 주고
올 때처럼 떠나갔다

촉촉이 내민 얼굴
가득한 환한 미소

청솔 끝
맑은 수정들
세상 담고
똑
떨어진다.

관음님 옷자락에
하늬바람 향 날리고

모아진 이슬들은
물방울 보석이다

총총히
전생의 선업
눈에 삼삼 펼친다

3

입하
나 어릴 적 유월
까마중
연
열대야
8월의 노래
매미
가지
늦팔월의 풍경
이화령 고개
연평해전
업(카르마)
무궁화
해바라기

입하立夏

– 이팝꽃 필 때

산 넘는 하늬바람
새 소식 가지고서

청보리 고갯길
새 임이 넘어왔다

오실 때
새하얀 쌀밥
가득 담아 오셨네.

가고 오는 저 산마루
뻐꾹 소리 청아하고

소란한 개굴 소리
지렁이 꿈틀댄다

알싸한
찔레꽃순 맛
딸기밭에 가 보자.

나 어릴 적에 유월

보리밭
새알 찾고

시냇가
가재 찾기

흰 구름
뭉게뭉게

만물상
그림 찾기

유월은
자연의 퍼즐
까맣게 익던
아이들

까마중

절간 가는 길 숲에서
새하얀 별꽃들이

새벽녘 이슬 먹고
송골한 까만 진주

정오의
뜨거운 열기
입속에서 숨 고른다.

참매미 울음소리
이명으로 와 닿고

먼 고향 그리운
까만 머리 동자승

정오에
내린 수마睡魔에
어머니를 마중한다.

연蓮

관음님 옷자락에
하늬바람 향 날리고

모아진 이슬들은
물방울 보석이다

총총히
전생의 선업
눈에 삼삼 펼친다.

열대야

끈적한 몸뚱아리
신열로 뒤척인 밤

통증 속 벼꽃 피고
영그는 옥수수 알

한 번은
견뎌야 하는
한여름의
성 장 통

8월의 노래

벼 이삭 가슴 열어 우담바라 터트리고
참나리 주황 꽃잎 주근깨 짙어질 때
그 옛날 아버지 모습 눈부처에 아른하다.

햇살 밑 야문 고추 매운 향에 빨게 지고
그늘 밑 부채 바람 졸음에 누워질 때
스치는 훅한 열기는 시큼한 땀 냄새.

보릿고개 넘어서 큰 숨 쉬었던 자리
간 시절 슬픈 상처 푸르게 아문 팔월
남루한 아버지 인생 한여름에 오셨네.

매미

골목길 바람 잔 곳
생을 다한 여름 진객

땅속의 안거 끝에
허물 벗고 크게 울던

한여름
날개를 단 삶
개미들이 해체한다.

고독한 칠 년 고행
혹서에 만행한 삶

아쉬운 짧은 소풍
저 울음 그것일까

또다시
윤회 속으로
길고도 긴 여행한다.

가지

신기한 원통 모양
반짝이는 고래 피부

빨강도 파랑 아닌
신비한 검은 자색

고상한
속 하얀 여심
차도르 쓴
자존심

늦팔월의 풍경

– 소쩍새

임 찾는 정겨운 소리
한여름에 사라지고

이소離巢 끝난 곳에
깃털로 남는 공허

서운할
겨를도 없이
먼 이사를 떠난다.

– 잠자리

물에서 공중으로
바람 타는 장난질

물가에 떼를 지어
그리는 물수제비

나름에
사랑 만들기
숨 가쁘게 다툰다.

– 촌로村老

검푸른 잎사귀에
무거워지는 알맹이

한밤이 지나면서
짙어진 달달한 색

구릿빛
골 깊은 얼굴
하회탈로 익는다.

이화령 고개

선비가 파랑새 따라
달빛 밟고 한양 간 길

낙방한 귀향길은
뻐꾹 소리 애달픈 길

조령산
걸친 흰 구름
두리둥실 아련하다.

연평해전

월드컵 축제 뒤편
험악한 유월의 파도

애국의 붉은 신념
길 떠나간 육 용사

또 하나
인당수 전설
깊은 물빛 퍼렇다.

업(카르마)

눈빛 맑은 꽃씨들
바람에 몸을 싣고

이리저리 가는 대로
뿌리내릴 땅 찾는다

지어진
전생의 업에
인연 찾아 길 떠난다.

산 넘어 물 건너
바람이 머무는 곳

따스한 햇살 담아
가슴 열어 반기는 곳

저마다
굴곡진 삶에
새 업을 쌓을 그곳.

전생의 푸른 숙명
흰 뿌리 내린 인연

한 번쯤 돌아보면
거기가 거기인 삶

어쩌면
좋고 나쁨은
본래 없는 분별심.

무궁화

해 보면 꽃 문 열리고
달 보면 고이 접는

그 옛날 아픔 감춘
애잔한 엄마 향기

은근히
끈기로 버틴
민초들의 눈물이다.

맑은 햇살 마중하는
어여쁜 새아씨들

오천만 년 금수강산
변함없는 맑은 자태

꽃잎 속
견뎌 낸 역사
선홍빛이 선연하다.

해바라기

찬 이슬 세수하고
장엄한 노랑 단장

해 뜨면 마주 서서
해종일 기도한다

애타는
임 향한 사랑
까맣게 익는
애모의 씨앗들

어차피 비행기보다
모두가 느리다면

지나는 녹색 외길
촉촉한 자국 남기며

상큼한
길 맛을 아는
느림의 미학 달인이네

4

시장통 전봇대

불긋한 스티커 기둥
꽃무늬 할매 바지

뒤엉킨 낡은 선들
혼잡한 바쁜 군상

날 저물
가로등 불빛
시장통을 보듬다.

마지막 소리 높여
사고파는 쉰 소리

전봇대 전선 타래
각자의 행방으로

뒤엉킨
인간 타래도
어둠 속에 풀린다.

9월 무렵에

밤벌레 깊은 천식
이상한 녹색 저고리

슬며시 문턱 넘는
살근한 너의 기척

너 오면
붉어질 세상
술렁이는 내 마음

태풍

힘이 센 남쪽 부대
거침없이 밀고 왔고

긴 여행 헐떡이며
멀리 와서 스러진다.

치열한
파랑의 칼날
농부 가슴
파헤쳤다.

구멍 난 갈잎

– 회상

숭숭한 삐뚤 구멍
무슨 일 있었던가.

투명한 허공 깊이
숨겨진 옛 이야기

지나면
하잘것없는
큰 우주였던 그 시절.

인연의 에움길로
찾아온 초록 자리

포근한 엄마 가슴
달달했던 훤한 자국

고치 속
긴 겨울잠에
그려지는 호랑나비.

가을 사랑

숭숭 뚫린 야윈 햇살
솔바람에 술렁술렁

성급한 철부지가
가을 문 열었구나.

수상한
숲 속의 몸짓
떠날려는 몸단장.

지난날 푸른 꿈은
생채기 얼룩으로

새벽녘 맑은 이슬
붉어지는 눈시울

고집한
오색 때때옷
지난날의 최고점.

강 넘는 황혼 녘에
선연한 가을 사랑

갈대꽃 날릴 때면
미련에 아리지만

무서리
내린 빈 뜰에
빨간 편지 쓸 거다.

가을 끝자락에서

지난밤 비바람이
수채화 그렸구나.

저마다 삶을 따라
새겨진 생김새들

지나간
질박한 삶을
가을 끝에 그렸다.

바람은 같은 바람
모두 다른 날림으로

산길에 그린 낙서
한세상 그려지고

마지막
앙버틴 잎새
떨치기 힘든 쌓인 정.

여백을 채울수록
다시 생긴 상처들

끊어진 고샅길을
미련에 두지 마라

사뿐히
첫눈 덮으면
새로 그릴 도화지.

소금강의 밤

별빛을 머금은 달
금가루 흩뿌리니

오색 옷 갈아입는
이파리 수다 떤다.

앞이마
휜해진 바위
한시름을 품는다.

지난날 설레이던
소쩍 소리 간데없고

월동에 피곤한 짐승
달빛 덮고 잠든 밤

물소리
맑은 시냇물
하얘지는 이 마음.

가을 담쟁이

벽돌담 싸한 기운
손바닥이 시려 온다

찬 서리 내릴 때까지
모두들 버텨 보자

가쁜 숨
훅 쉬고 견딘
얼굴 붉힌 심장들.

아직은 놓기 싫은
절절한 늙은 가장

아득히 가는 길에
두 주먹 불끈댄다

맥박이
쿵덕거리며
붉어지는 아우성.

고운 단풍

풀꽃 향 싱그러운 푸른 모습 감추고서
고운 임 화사하게 빛 곱게 차려입고
땡그렁 사리암 풍경 까치발로 마실 왔네.

찬 이슬 물감 풀어 고운 잎에 색칠하면
서늘한 바람결에 흩날리는 붉은 가을
투명한 시냇물 타고 먼 여행을 속삭인다.

오신님 모진 풍파 견뎌서 참 고운데
고달픈 사람들아 견디고 견뎌 보자
이 풍진 다 지나가면 당신 또한 고운 단풍.

달팽이

어차피 비행기보다
모두가 느리다면

지나는 녹색 외길
촉촉한 자국 남기며

상큼한
길 맛을 아는
느림의 미학 달인이네.

밀물

하얗게 몸 부수며
울며불며 뜀을 뛴다

바람아 밀어다오
달님아 당겨다오

고운 임
하루 딱 한 번
만나야 할 내 사랑

울산바위 1

가다가 눌러앉아
설악을 이웃한 자리

고향에 갈 수 없는
실향민 같은 전설

애절한
고향 생각에
이름만은 울산 네기

울산바위 2

– 구름 속의 울산바위

감춰진 부르카 속
눈이 큰 여인아

내가 남이 아니니
하얀 얼굴 보여라

타향도
정들면 고향
사투리가 수줍은가

이기대

꽃 붉은 자존심을
파도에 몸을 실었다

여전한 푸른 절경
두 임은 볼 수 없네

파도야
너는 알겠지
날을 세운 정조를

하현달

새벽별 뒤에 두고
낮으로 가는 길목

횅한 너의 반쪽은
그리운 그때 흔적

여생은
퇴장하는 길
아름답게 넘어가자.

회상

문 틈새 휘파람이
새벽을 일으킨다

비바람 몰아치는
문밖의 아우성들

창틀 속
그려진 그림
저며 오는 지난 일들

촉촉이
젖은 마음
그리움
졸라 대고

우산 끝
맺힌 수정
한세상
담아내면

적동백
저고리 열고
엄마 품속 그린다

5

고엽枯葉

힘겨운 겨울 문턱
한생生이 떨어지다

누워서 보인 나무
지난날이 아쉽다

짐 벗고
바라본 세월
하늘 속이 허허롭다

입동立冬

오색실 한 땀 한 땀
숲길은 원앙금침

한 땀에 배어 있는
아련한 녹색 추억

한겨울
아랫목에서
밤새울 이야기

나목

마지막 달력 한 장
대롱거린 겨울 초입

분장을 지우고
휘장을 거둔 마당

소설小雪에
흰 눈 날리니
가벼워진 몸과 마음.

모든 것 속내까지
바람벽에 맡겨 두고

신열로 몸살 앓던
늦가을도 밀쳐 두고

이제는
푹 자고 싶다
기지개 켤 그날까지.

버릴 것 떨어질 것
흔들림도 이젠 없다

하회탈 웃음 짓는
굴곡진 깊은 주름

이렇게
가벼운 마음
그땐 왜 몰랐을까.

겨울

멈춰진 흑백 영상 등이 시린 가지 함께
그리운 옛 일들이 내 안에 바장인다
문밖이 추워진 것은 아슴한 추억일 게다.

평등의 눈이 내려 지워진 물상들이
남은 인생 따뜻하게 그려질 백지 위에
희망의 불씨를 지펴 이 겨울을 데울 테다.

겨울비

촉촉이
젖은 마음
그리움
졸라 대고

우산 끝
맺힌 수정
한세상
담아내면

적동백
저고리 열고
엄마 품속 그린다.

잠 못 이루는 겨울밤

또렷한 초침 소리
가로등도 퀭한 밤

눈알은 멀뚱멀뚱
생각은 말똥말똥

문 틈새
고추바람결
찬 가슴을 할퀴는 밤.

외롭고 추워 보인
더 버릴 것 없는 나무

바람에 스친 소리
으시시 움츠린다

차라리
두더지처럼
쪼그리고 싶은 밤.

아쉬운 걸어온 길
근심된 내 앞길로

홀연히 길을 떠나
온 세상을 떠돈다

가고 온
어제와 내일
흰 눈 위에 비벼진 밤.

동지冬至

고드름 만든 긴 밤
호랑이 장가드는 날

어둠이 긴 터널 끝
맞이할 밝은 나날

흰 새알
붉은 팥죽에
한 살 먹는 새 희망

순천 가는 열차 안에서

동틀 녘 부전역사 순천행 완행열차
낙동강 안개 속에 빠져드는 절지동물
느릿한 시간 속으로 여릿여릿 떠난다.

초겨울 연필그림 터널 속에 지워지고
희끗한 낯선 얼굴 어디서 본 것 같다
글쎄다 너는 누구냐 어디에서 왔느냐.

숨차게 달려왔던 아쉬운 뒤안길에
차창 밖 수묵화가 시리게 허허롭다
긴 숨을 토하는 열차 벌써 도착 알린다.

소나무 분재

엄마 품 고향 떠나
낯설고 물설은 곳

살 에인 아픈 슬픔
잊혀 가는 솔향 동네

꼬마 된
어여쁜 배우
눈시울이 뜨겁다.

잎 솎기 철사걸이
춘삼월 순 따기로

온몸이 비틀어져
멈춰 선 성장판

어느새
내가 나 아닌
고향 그리운 난쟁이.

백두대간

백두로 시작된 길
오천 리 첩첩청산

한민족 거친 숨결
지리산에 큰 숨 쉰다

천지天池에
큰물 가두고
곧게 뻗은
백호白虎 척추

일출

노을 삼킨 어둠 속살
밝음을 기다린다

낮에 나온 눈썹달이
은하를 건너는데

서둘러
열어젖히는
어깨뼈가 고단타.

오륙도 여섯 형제
밤새 뒤척이고

부산항 불빛 함께
잠 못 이룬 새벽달이

팽팽이
밀어 올리는
용트림이 눈부시다.

그때 지리산

– 지리산을 읽고

핏발 선 사람들이
분노를 심은 그곳

검붉은 피아골 단풍
청산을 물들이고

뚝뚝뚝
동백꽃 질 때
서럽고 슬펐다.

첩첩이 포개진 산곡
깊게 패인 주름살은

애간장 다 녹이고
쓰라린 상처 안아

안개 속
깊게 숨기고
새살을 기다린다.

동백꽃

하얀 눈 녹이느라
빨개진 예쁜 얼굴

봉긋한 입술 속에
감춰진 노란 보석

메마른
색 잃은 겨울
빨강으로 화장했다.

애타는 기다림에
꽃이 된 예쁜 사랑

해풍이 간질이니
활짝 연붉은 미소

선연한
선홍색 사랑
추운 겨울 덥힌다.

진눈 내리는 날
잔설 위 툭 떨어지면

꽃 붉은 예쁜 자수
땀땀이 놓고 간다

목련이
흰옷 입을 때
가는 너에 엉엉 울겠네.

이기대 해맞이

어둠 속 솔향기 길
내 기척에 모두 꿈틀

살그미 가는 어둠
끝나는 술래잡기

모두들
오는 밝음에
해마중을 하나 보다.

어둠이 스친 자리
하늘과 바다 나왔다

깜박 졸다 눈을 뜨는
건너편 해운대 불빛

달맞이
고갯길 마루
손님맞이 한창이다.

햇살 카펫 깔아 놓고
마중하는 설렌 가슴

갯바위 휘감아 도는
파도 소리 싱그럽다

오늘도
희망찬 하루
기분 좋게 문을 연다.

상고대

– 고사목에 눈꽃 피다

하양이 그리움에
반가운 피사체들

살 에는 날선 바람
옷 벗은 가지마다

어여쁜
흰 사슴뿔에
수정 구슬 달았다.

이리저리 할퀸 흔적
신열에 시달려서

성장판 닫힌 긴 뼈
등 굽은 꼬부랑이

지금은
겨울 궁전에
주목받는 겨울 공주.

박물관에서

– 고가구

세월을 비벼 먹고
푹 삭은 검은 갈색

갈라진 깊은 틈새
웅크린 침잠의 시간

그리운
지난 정감이
내 눈 속에 살아난다.

잊힌 지난날들
또렷이 일어섰다

겸손히 맞이하는
그 옛날 기막힌 지혜

이곳은
머리를 숙여
온고지신溫故知新하는 곳.

해설

선적禪的 상상력과 존재론적 사유의 시조

– 이명세 시인의 시조 세계

선적禪的 상상력과 존재론적 사유의 시조

– 이명세 시인의 시조 세계

신기용 (문학평론가)

1. 들어가기

이명세 시조시인은 종합문예지 계간 《문장21》 통권 30호(2015, 가을호)에 시조 「까마중」 외 4편이 당선되어 문단에 나왔다. 이 시인의 처녀 시조집 『상상의 끈 뚜벅뚜벅』을 읽어 보면, 고답적인 표현에서 벗어나 현실성의 표현에 충실함을 읽을 수 있다. 부분적으로 포스트모더니즘의 언어유희를 비롯해 언어의 확장성과 시어의 긴장미를 구축하고 있음은 물론, 삶을 타진하는 내용의 긴장미를 갖추고 있어 시적 완결성을 향한 고투의 흔적이 역력함을 알 수 있다.

시집 전반에 걸쳐 선적禪的 상상력이 짙게 흐르고 있

다. 자연을 관조하거나 운명에 대한 체험적 서사를 묘사하고 표현할 때도 마치 선문답하는 듯하다. 그것은 자연에 대해 관조적 태도를 취하면서도 결국에는 깨달음에 귀결하는 이 시인만의 시조 세계를 구축해 놓았다고 평가해 본다.

이 시인은 다양한 공감각적 이미지를 구사하면서 시어의 긴장미를 고조시키는 능력을 발휘한다. 이 시조집의 표제 '상상의 끈 뚜벅뚜벅'이 그 대표적인 예이다. 이는 '북극항로에서'라는 부제를 단 시조 「장자의 꿈」 1연 종장에서 표현한 공감각적 이미지이다. '상상의 끈 뚜벅뚜벅'이라는 시어 자체만으로도 머릿속에서 무한한 확장성의 상상력이 뚜벅뚜벅 걸어 나올 것만 같은 이미지이다. '상상의 끈'이라는 것만으로도 새로운 시어를 창조한 것이다. 그것에 '뚜벅뚜벅'이라며 동적인 호흡, 즉 인격을 불어넣어 시어를 더욱 긴장미가 넘치도록 장치했다. 이 같은 포스트모던 언어는 표현 그 자체의 언어 속에서 현시할 수 없는 것이 드러난다는 특징이 있다. 새로운 언어와 문법을 시험하는 포스트모더니스트가 아니라 하더라도 모름지기 시인이란 새로운 언어를 창조해 내야 제격이다. 그것이 시인의 책무이기 때문이다.

지금부터 선적 상상력과 깨달음의 시조, 존재론적 사

유의 시조, 물아일체物我一體의 삶을 타진하는 시조, 가족에 대한 사랑의 시조 등 다양한 시조 숲길을 걸으며 감상해 보고자 한다.

2. 선적禪的 상상력과 깨달음의 시조

먼저 선적 상상력과 깨달음의 시조를 읽어 본다. "차디찬 얼음장 밑 / 마음이 시려 오는 // 손수건 곱게 펴서 / 쏟아 내는 수정 구슬 // 돌돌돌 / 녹색 소리에 / 여기저기 눈을 뜬다."(「봄이 오는 소리」 전문)라며 개울의 얼음 녹는 모습과 소리로 말미암아 시린 마음이 녹아내릴 것만 같다. 새로운 생명의 탄생 이미지를 '녹색 소리'라는 시어로 환치시켜 놓았다. '녹색'이라는 시각적 이미지가 '소리'라는 청각적 이미지로 전이해 가는 공감각적 이미지로 관통하고 있다. 이를 관통한 봄이 오는 소리가 깨달음 하나를 업고 오는 듯하다. "살그미 절 담 넘어 / 초롱한 눈망울들 // 스님 새벽 기척에 / 봉긋한 빨간 얼굴 // 해 뜰 녘 / 예쁜 미소로 / 새 소식을 알린다"(「홍매화 1」 전문)라며 봉긋하게 붉은 얼굴이 예쁜 미소를 지으며 봄소식을 알린다고 인식한다. 시인은 홍매화의 개화를 관조하면서 봄의 화사한 풍경을 말하고 있다. 또한, "긴긴날 웅크린 몸 / 팔 펴고 나와 보니 // 시엄마 매운 소리 / 홍조 띤 놀란 얼굴 // 용기는 / 곧올 아픔도 / 기꺼이 감수하는 것"(「홍매화 2」 전문)이라며 홍매화가 흐드러지게 얼굴 내민 봄을 끌어와 삶의 사색으로 시적 분위기를 완전히 반전시켜 놓았다. '홍매화'는 시련이라는 시적 의미의 상징이기도 하면서 화창한 봄날임을 암시한다. 시인은 아내의 얼굴을 비롯한 삶의 시련과 이치 등 여러 함의를 담아 놓았다.

선적 상상력을 마음껏 발휘하고 있는 시조를 더 읽어 본다. "찬 바닥 엎드리고 / 절박한 동전 한 닢 // 법당 속 오체투지 / 절절히 빌고 비는 복 // 오호라 / 거지 구걸이 / 더 소박한 기도네."(「구걸」 전문)라는 짧은 단시조에 두 개의 이미지를 겹쳐 놓고 깨달음을 얻는다. "자장자장 달래 봐도 / 망상의 되새김질 // 어제오늘 내일까지 / 얽히는 삼색 타래 // 줄 잇는 / 하얀 상념들 / 내 안에서 앙뚱하다."(「불면증」 전문)는 잠을 이루지 못하는 불면증에 시달리면서도 내 안의 나를 깨닫는 것은 물론, 삶의 성찰과 자아를 성찰한다. 또한, "덧없는 강제 이주 / 맞닿은 물불 갈피 // 꽂상여 단장하고 / 이타행利他行 길 떠난다 // 제명命 산 / 기갈 든 동물 /

이기심에 불탄다."(「식재료」 전문)라며 음식을 통한 인간의 이기심에 대한 깨달음을 얻고, "산과 들 긴 획으로 / 뻗치는 자동차들 // 오방색 이은 행렬 / 불끈한 핏줄 동맥 // 저마다 / 푸른 꿈 찾아 / 발통 바삐 구르네."(「고속도로」 전문)라며 국토의 동맥인 고속도로에 바쁘게 살아가는 인간의 삶을 겹쳐 보며 선적 깨달음에 귀결하고 있다. 이처럼 이 시인은 삶의 본질을 찾아내고, 그만의 독특한 깨달음의 시조 세계에 천착하고 있다.

> 관음님 옷자락에 / 하늬바람 향 날리고 // 모아진 이슬들은 / 물방울 보석이다 // 총총히 / 전생의 선업 / 눈에 삼삼 펼친다.
>
> –「연蓮」 전문

인용 시조「연蓮」도 선적 상상력을 발휘한 작품이다. 연꽃은 유교에서 선비를, 불교에서는 부처를 상징한다. 시적 화자는 연꽃이라는 객관적 상관물에 감정이입하며 눈앞에 펼쳐지는 '전생의 선업'을 읽어 낸다. 연꽃잎을 '관음님의 옷자락', 이슬을 '보석'이라고 비유하며 전생의 선업을 겸허히 받아들이는 마음가짐을 표현하고 있다.

인용 시조처럼 “눈빛 맑은 꽃씨들 / 바람에 몸을 싣고 // 이리저리 가는 대로 / 뿌리내릴 땅 찾는다 // 지어진 / 전생의 업에 / 인연 찾아 길 떠난다”(「업(카르마)」 1연)는 제목에서 알 수 있듯이 불교적인 요소가 강하다. 전생, 인연 등의 불교적 관념어를 채택한 것은 깨달음을 향한 시적 장치임이 분명하다. “고독한 칠 년 고행 / 혹서에 만행한 삶 // 아쉬운 짧은 소풍 / 저 울음 그것일까. // 또다시 / 윤회 속으로 / 길고도 긴 여행한다.”(「매미」 2연)는 매미라는 시적 상관물을 통해 모든 사물이 돌고 돌면서 변화해 가는 이미지를 표현하고 있다. 즉, 제행무상을 말하고 있다. 안거, 고행, 윤회 등의 관념어만 보더라도 불교적 시어임을 알 수 있다.

3. 나는 누구인가, 존재론적 사유의 시조

세상은 젖어 가고 / 마음이 젖어 온다 //
새들은 둥지 틀어 / 초록 향 짙게 품고 //
대지는 / 습기 마시고 / 초록으로 눈뜬다.

빗방울 노크 소리 / 가슴을 활짝 열고 //

황톳물 흐른 강가 / 정지된 외다리 학 //
멈춘 건 / 움직임이고 / 움직이는 건 멈췄
던 것.

나는 누구이며 / 여기는 어디인가 // 어디
쯤 가고 있고 / 어디로 가는 것이냐 // 촉
촉이 / 젖은 생각에 / 간절한 대포 한잔.
–「비 오는 날의 상념」 전문

인용 시조「비 오는 날의 상념」은 "나는 누구이며 / 여기는 어디인가 // 어디쯤 가고 있고 / 어디로 가는 것이냐"라며 '나는 누구인가'를 성찰하는 시선을 중시한다. 시적 화자는 "나는 누구인가"라며 자아 발견을 향해 존재론적 의문을 던진다. 시적 화자 자신에게 '존재란 무엇인가'라는 질문 하나를 던진 것이다. 자아의 존재 그 자체를 인식하면서 이해해 나가려는 존재론적 사유이기도 하다. 이는 불교의 공空사상의 공과 비슷하다.

하이데거는 인간을 인간이라 하지 않고, '현존재'라고 했다. 시간을 산출하는 존재의 특이점이란 의미로 '현존재'라고 칭한 것이다. 인용 시조의 3연에서 던진 화두 '나는 누구인가'라는 물음을 '현존재'로서의 인간의 불완전성을 이해하려는 시인의 시적 고투라고 읽어도 무방할 것이다. 인간의 존재 안에 이미 존재 그 자체가 부여되어 있다는 하이데거의 주장처럼 인용 시의 '나는 누구인가'라는 물음은 존재론적 깨달음 하나를 얻은 것이다.

하이데거의 주장처럼 '존재'라는 말은 '존재자'의 근원이다. 인용 시조를 '존재한다.'에 대입해 보면, 다른 '존재자(새, 학 등)'에 한정하지 않고 초월하고 있음을 읽을 수 있을 것이다. 결국, 시적 화자는 존재와 존재자의 차이가 존재론적 차이에 있듯, 자아 발견을 향한 존재론적 사유로 말미암아 존재를 이해하고 자아를 발견해 나가고 깨달음을 하나 얻을 것이다. '나는 누구인가'처럼 존재론적 사유의 시조 「소나무 분재」도 아래와 같이 읽어 본다.

> 엄마 품 고향 떠나 / 낯설고 물설은 곳 // 살에인 아픈 슬픔 / 잊혀 가는 출향 동네 // 꼬마 된 / 어여쁜 배우 / 눈시울이 뜨겁다.
>
> 잎 솎기 철사걸이 / 춘삼월 순 따기로 // 온몸이 비틀어져 / 멈춰 선 성장판 // 어느

새 / 내가 나 아닌 / 고향 그리운 난쟁이.

–「소나무 분재」 전문

인용 시조 「소나무 분재」는 종장에서 "어느새 / 내가 나 아닌 / 고향 그리운 난쟁이"라고 진술하고 있다. 우리는 일이 잘못 되었을 때 "내가 내가 아니야!"라는 말을 간혹 쓴다. 실수에 대한 자책이면서도 다음번에는 이런 실수를 하지 않겠다는 의지이기도 하다. 현존재의 존재 안의 존재를 찾는 말이기도 하다. 이 간단한 말 한마디가 자아 성찰과 자아 발견이라는 깨달음과 깊은 관련이 있다는 것을 이 시조에서 읽을 수 있다.

짧고 길고 죽고 사는 / 변덕스런 동반자 //
언제나 가면 쓰고 / 말없는 감시자 // 조용
히 / 수화로 하는 / 진솔한 길동무.

있어서 내가 있는데 / 늙어 가는 주인인
너 // 껍질 속 하얀 속살 / 감춰진 본래 모
습 / 딱딱한 / 껍데기 벗고 / 맑은 향을 피
워라.

–「그림자」 전문

황무지 잡초에서 / 들꽃으로 버텼다 // 산그늘 늘어지고 / 은빛 별 흩뿌리니 // 골 깊은 / 서러운 상처 / 미소로 남은 흑백사진

-「중년의 초상」 전문

인용 시조 「그림자」와 「중년의 초상」은 자아 발견을 향한 고투를 표현하고 있다. 이상의 시 「거울」과 윤동주의 시 「자화상」처럼 나르시시즘적인 자아 발견을 향한 표현이다. 자아 발견, 즉 타자로서의 자아 발견을 말하고 있는 것이다. 특히 「그림자」의 1연은 시적 화자가 시인 자신이고, 2연의 시적 화자는 그림자이다. 1연에서는 시인이 그림자를 바라보는 시선으로, 2연은 그림자가 시적 화자를 바라보는 시선으로 장치한 시조이다. 이 짧은 시조에서 이런 기교를 부릴 수 있다는 것 자체가 시인의 탁월한 능력이다.

숭숭한 삐뚤 구멍 / 무슨 일 있었던가. // 투명한 허공 깊이 / 숨겨진 옛이야기 // 지나면 / 하잘것없는 / 큰 우주였던 그 시절.

인연의 에움길로 / 찾아온 초록 자리 // 포

근한 엄마 가슴 / 달달했던 훤한 자국 // 고치 속 / 긴 겨울잠에 / 그려지는 호랑나비.

—「구멍 난 갈잎 —회상」 전문

인용 시조 「구멍 난 갈잎 —회상」에서는 애벌레의 삶, 고치 속의 삶, 우화, 호랑나비를 통해 지난 시간을 회상한다. 시적 화자가 구멍 뚫린 갈잎의 모습과 지금 눈에 보이는 고치와 미래의 호랑나비를 동시에 겹쳐 놓고 있다. 이것은 시간적 변화, 장소적 변화, 형체의 변화, 인식의 변화에 대해 상상력을 발휘하고 있다고 해석함이 타당할 것이다. 달리 보면, 자연에 순응하는 삶을 추구하고 있음을 읽어 낼 수 있을 것이다.

이명이 사각사각 / 난청도 함께 왔다 // 찾아온 손님이니 / 공손이 대접하자 // 손님 왈 / 가려서 듣고 / 말을 적게 하란다.

—「난청」 전문

인용 시조의 화자는 시인 자신이다. 즉, 자신의 이야기를 하고 있다. 귀에서 소리가 난다. 사각사각 소리가 난다. 이러한 이명耳鳴과 함께 난청도 왔다. 그렇지만 시적 화자는 이명을 손님이라 여긴다. 그 손님이 화자에게 "가려서 듣고 / 말을 적게 하란다"라고 강조한다. 독자는 이 시조의 종장을 읽는 순간, 뒤통수 한 방을 얻어맞은 듯 깨달음을 얻을 수 있을 것이다. 시적 화자가 청자로 전이해 나가는 기법들이 매우 돋보이는 시조이다. 이것은 이 시인의 훌륭한 시적 역량이라고 말할 수 있다.

> 보리밭 / 새알 찾고 // 시냇가 / 가재 찾기 // 흰 구름 / 뭉게뭉게 // 만물상 / 그림 찾기 // 유월은 / 자연의 퍼즐 / 까맣게 익던 / 아이들
>
> -「나 어릴 적 유월」 전문

인용 시조「나 어릴 적 유월」은 회고적 시점에서 진술하고 있다. 즉, 회억의 심상을 형상화했다. 시적 화자, 곧 시인은 고향에서 자신이 낯선 사람이 되어 버렸다며 개인적 성찰을 하고 있다. 시인은 보리밭에서 새알을 찾고, 찔레꽃의 순을 따먹던 과거의 시공간 속으로 걸어 들어가 추억의 이야기를 형상화하여 허구의 세계를 창조해 낸다. 그리고 과거의 시공간으로 돌아가는 회억

의 형상화를 추구한다. 회억의 메타포로 시대적 변화를 말하고, 근원적 정체성의 발견으로 시적 화자의 존재론적 자아의식을 표출함은 물론, 서정적 향수의 현실과 어릴 적 유월이라는 서사적 과거와의 결합을 모색한다. 결국에는 현재의 자아를 발견해 나간다.

4. 물아일체의 삶을 타진하는 시조

평자가 2015년에 [거제신문] '시가 있는 풍경'이라는 꼭지에 이명세 시인의 시조 두 편을 소개한 바 있다. 이 시집에 수록한 한 편의 시조는 일부 배열을 다듬어 수정했다. 시적 완성도를 높이기 위해서일 것이다. 그 두 편의 시조는 2연의 구조를 갖추고 있다. 각 연마다 7행으로 기사하여 기승전결이 더욱 명료하게 읽히도록 한 작품이다.

> 절간 가는 길 숲에서 / 새하얀 별꽃들이 //
> 새벽녘 이슬 먹고 / 송골한 까만 진주 // 정
> 오의 / 뜨거운 열기 / 입속에서 숨 고른다.

참매미 울음소리 / 이명으로 와 닿고 // 먼 고향 그리운 / 까만 머리 동자승 // 정오에 / 내린 수마睡魔에 / 어머니를 마중한다.

–「까마중」 전문

인용 시는 종합문예지 《문장21》 통권30호(2015, 가을호)에 실린 시이다. 까마중은 가짓과의 한해살이풀이다. 여름에 피는 흰 꽃의 모양이 별을 닮았다. 이 시는 연시조이다. '까마중'과 '까만 머리 동자승'을 동일시하고 있다. 일종의 언어유희이다. 1연에서 화자가 "절간 가는 길 숲에서" 흔하디흔한 까마중과 마주한다. 하늘에서 별이 내려와 앉은 것처럼 "새하얀 별꽃들이" 피어 있다. 여름 내내 "새벽녘 이슬 먹"으며 송골송골 "까만 진주"로 영글어 변해 간다. 그 까만 진주가 한여름 "정오의/ 뜨거운 열기"를 내뿜는다. 까마중이 화자의 입 속에서 특유의 맛과 향을 풍기며 숨을 고른다. 2연에서 여름의 "참매미 울음소리"가 "이명으로 와 닿"는다. "먼 고향 그리운 / 까만 머리 동자승" 견딜 수 없는 졸음에 꾸벅거린다. 꿈속에 어머니가 나타난다. 동자승은 반가워 어머니 품을 향해 뛰어간다. 이처럼 우리도 어머니에게로 회귀를 꿈꾸며 몽상의 상상력을 펼쳐 보자.

해 보면 꽃 문 열고 / 달 보면 고이 접는 // 그 옛날 아픔을 감춘 / 애잔한 엄마 향기 // 은근히 / 끈기로 버틴 / 민초들의 눈물이다.

맑은 햇살 마중하는 / 어여쁜 새아씨들 // 오천만 년 금수강산 / 변함없는 맑은 자태 // 꽃잎 속 / 견뎌 낸 역사 / 선홍빛이 선연하다.

-「무궁화」 전문

인용 시조는 계간 《문장21》 통권31호(2015, 겨울호)에 실린 연시조이다. 무궁화는 우리나라 국화國花이다. 이처럼 시인의 나라꽃 사랑을 읽을 수 있다. 1연 초장에서 시적 화자는 무궁화가 피고 지는 모습을 관조한다. 해가 뜨면 종 모양의 꽃잎을 펼치고, 별이 뜨면 꽃잎을 접어 닫는 모습을 관찰하고 있다. 중장에서 그 옛날 아픔을 감추고 인고의 삶을 살다 간 애잔한 엄마의 향기를 느낀다. 종장에서 "은근히 / 끈기로 버틴 / 민초들의 눈물이다"라며 무궁화가 백성 혹은 국민의 눈물임을 비유한다. 2연 초장에서 무궁화가 맑은 햇살을 마중하

듯 꽃잎을 여는 모습을 보고 "어여쁜 새아씨들"이라고 감탄한다. 중장에서 삼천리금수강산 우리나라 곳곳에서 변함없이 피고 지기를 하는 그 자태에 감탄한다. 종장에서 활짝 핀 "꽃잎 속 / 맑은 선홍빛" 무궁화에 시련을 견뎌 낸 우리의 역사와 겹쳐 놓고 그 선연함을 표현한다. 이처럼 가끔 나라꽃 사랑을 되새겨 보면 애국심이 절로 우러날 것이다.

> 한겨울 웅크린 산사 / 묵은 먼지 씻겨 나고 // 임 향한 중생 마음 / 촉촉이 젖었는데 // 똑똑똑 / 백팔번뇌도 / 추녀 끝에 / 떨어진다.
>
> –「봄비 1」 전문

> 대지大地가 / 하늘 만나 / 사랑하여 / 흘린 눈물 // 백목련 / 눈을 뜨고 / 적동백 / 뚝뚝 진다 // 인생은 / 오고 가는 것 / 오는 목련 / 알았을까.
>
> –「봄비 2」 전문

인용 시조 「봄비 1」, 「봄비 2」에서 시적 화자는 자연을 말하고 있다. 「봄비 1」에서 "똑똑똑 / 백팔번뇌도 / 추녀 끝에 / 떨어진다"(「봄비 1」 종장)라며 산사의 봄비를 평범하게 바라보며 관조하면서도 중생의 백팔번뇌를 떨쳐 버리는 깨달음 하나를 얻는다.

「봄비 2」에는 공기 이미지와 대지(흙)의 이미지, 물의 이미지가 함께 흐르고 있다. 바슐라르의 4원소론 대지 이미지, 공기 이미지, 물의 이미지에 대입해 보면, 대지와 하늘이 만나 사랑을 한다는 것은 하늘에서 빗물이 떨어진다는 하강 이미지이다. '흘린 눈물'은 하강 이미지이다. 눈물이라는 물의 이미지를 동시에 장치해 놓았다.

이 시인은 봄비라는 물의 이미지와 하강 이미지를 강조하면서 새 생명의 탄생을 획득하려는 역동적 이미지의 상상력을 발휘하고 있다. 즉, 봄비를 통해 삶의 깨달음을 추구하고 있음을 읽을 수 있다. 우리가 흔히 문학(시)의 궁극적인 목적이 '인간 구원'에 있다고 말하기도 한다. 두 편의 인용 시조를 여러 번 음미해 보면, '인간 구원'에 도달하기 위한 깨달음의 시적 목적성을 읽어 낼 수 있을 것이다.

지난밤 검은 하늘 / 화내며 울었는데 // 아

리한 아가씨들 / 버텨서 반가웠다 // 임들
은 / 갈색 껍질을 / 비집고 눈을 뜬다.

이별의 녹색 예감 / 점점 짙어 오는데 // 꽃
잎은 하늘하늘 / 실바람에 천진하다 // 그
이별 / 문뜩 그렇게 / 안쓰럽게 다가온다.

축제가 끝난 자리 / 생이 꿈틀거린다 // 새
순은 틈 사이로 / 파란 꿈을 내민다 // 다
가올 / 뻔한 아픔들 / 그래도 설레인다.

-「비 개인 아침 -벚꽃」 전문

인용 시조「비 개인 아침 -벚꽃」은 부제에서 알 수 있듯이 '벚꽃'을 통해 비 개인 아침에 삶을 겹쳐 놓고 있다. 1연은 새싹의 눈뜨기, 2연은 이별, 3연은 아픔을 말하고 있다. 시적 화자의 시선은 벚나무에 고정되어 있다. 1연에서 "지난밤 검은 하늘"이라는 시점부터 비 개인 아침 시점까지의 시간적 이동을 구체적으로 점묘한다. 화자가 관조하는 가시적 공간에서의 서정적 풍경을 주관적 이미지로 묘사한다. 1연 종장 "갈색 껍질을 / 비집고 눈을 뜬다"에서 시작하여 3연 중장 "새순은 틈 사이로 / 파란 꿈을 내민다"까지 시각적 이미지가 시간의 경과를 암시한다. 시간적 시점의 이동을 색채어(갈색, 녹색, 파란 등)로 강조함으로써 시각적 이미지의 시적 묘사를 극대화해 나간다.

5. 가족에 대한 사랑의 시조

이 시인은 「아내」, 「어머니」, 「향수」, 「아버지 – 치매」 등 가족에 대한 사랑의 시조를 창작하기도 했다. 「아버지 – 치매」라는 3연 구조의 연시조에서 아버지의 치매에 대해 진술하고 있다. 2연 "가뭄에 갈라진 농심 / 엉켜진 기억 사슬 오락가락 // 이마에 파인 주름 / 물꼬 튼 나이 물길 // 아버지 / 살아온 세월 / 화폭 가득 담았다"의 '기억 사슬 오락가락'이라는 언어의 함축미를 풀어 보면, 얼기설기 엮긴 기억의 사슬들이 끊어져 오락가락한다는 표현이다. 특히 '기억 사슬'이라는 새로운 시어는 시인의 창조적 역량을 더욱 돋보이게 한다. "검버섯 속마음 닫은 / 낯설은 이방인처럼 // 한 번쯤 어린 듯이 / 목 놓아 울고 싶은 // 가슴속 / 맺힌 응어리 / 어디쯤 부려 놓을까"(「아버지 – 치매」 3연)라며 아버지에 대한 애틋한 마음과 사랑을 표출하고 있다. 다시 설명하면, 아버지의 치매에 대해 시인 자신이 "한 번쯤 어린 듯이 / 목 놓아 울고 싶은" 마음이라고 표현하면서 "가슴속 / 맺힌 응어린 / 어디쯤 부려 놓을까"라며 안절부절못하는 마음을 표현하고 있다.

> 산란 후 허연 배를 / 하늘에 보인 연어 //
> 초점 잃은 눈부처 / 회한만 가득하다 // 죽
> 어도 / 잊을 수 없는 / 놓지 않는 자식 사랑
>
> -「어머니」 전문

> 강 건너 산을 넘은 / 흰 구름 아득한 곳 //
> 천상에 사람들이 / 옹기종기 산다면 // 흐
> 르는 / 저 구름 아래 / 울 엄마도 살았으면
>
> -「그리움」 전문

인용 시조 「어머니」와 「그리움」은 어머니에 대한 그리움을 표현한 것이다. 특히 시조 「그리움」은 이미 이승을 떠나신 어머니에 대한 그리움을 시화한 것이다. 종장에서 "저 구름 아래 / 울 엄마도 살았으면"이라며 기원적 시점의 진술을 하고 있다. "산란 후 허연 배를 / 하늘에 보인 연어 // 초점을 잃은 눈에 / 회한만 가득하다 // 죽어도 / 잊을 수 없는 / 놓지 않는 자식 사랑"이라며 시인은 연어와 어머니를 겹쳐 놓았다. 연어는 회귀 본능의 표상이다. 연어는 어머니의 상징이기도 하다. 시적 화자는 연어를 관조하면서 "죽어도 / 잊을 수 없는 / 놓지 않는 자식 사랑"이라며 모성 본능적 사랑의 의미를 담고 있다. 여기서 '연어의 배'는 어머니 자궁을 의미하기도 한다. 즉, '모성으로의 복귀'를 꿈꾸고 있음을 읽을 수 있다.

> 연분홍 꿈을 품은 / 수줍은 새색시 // 파랑새에 몸을 싣고 / 향수를 고이 품고 // 에굽은 / 험한 여로旅路도 / 사랑으로 걸었다.
>
> 부딪히고 견딘 나날 / 마음속 새겨 두고 // 그렇게 도장 찍고 / 오십 고개 넘고 보니 // 어느새 / 어머니 닮은 / 향기 진한 함박꽃.
>
> 이제는 낯이 설은 / 고향도 가물가물 // 이소한 새끼 보는 / 절박한 어미새 눈 // 그

령한 / 붉은 눈시울 / 그때에 장모님 눈물.

–「아내」 전문

가스통 바슐라르가 『대지 그리고 휴식의 몽상』에서 말한 '요나 콤플렉스'라는 용어는 "부드럽고 따뜻하며 결코 습격 받은 적 없는 편안함의 원초적 기호인 안전지대"를 말한다. 이에 3연의 "고향도 낯이 설어/ 그리움도 아득할 때 // 이소한 새끼 보는 / 절박한 어미새 눈"에 고향을 대입해 보면, 이처럼 편안하고 안락한 원초적인 곳도 없을 것이다. 이 시조는 요나 이미지를 통해 아내의 '고향에로의 복귀'라는 환상과 아내의 어머니 품이라는 내밀성을 강조하고 있다. 결국, 화자와 결혼을 하여 고향을 떠나 살고 있는 아내가 늘 행복하기를 바라는 마음을 담은 사랑의 시조이다.

오 남매 오순도순 / 둘째 넷째 누이 이주 // 푸르른 은하수를 / 파랑새로 넘어갔다 // 고난은 / 질기고 질긴 / 넝쿨처럼 매달렸다.

낯설은 타향살이 / 멍울 든 저린 가슴 / 눈

물 적신 손수건에 / 붉은 구슬 담았다 //
그리움 / 한 움큼 삭여 / 땀땀이 수놓았다.

이국이 편한 지금 / 주인이 된 이방인 //
깊어진 주름 골에 / 켜켜이 쌓인 회한 //
오늘밤 / 하얀 향수가 / 은하수 되어 반짝
일까.

–「향수」 전문

인용 시조「향수」는 바슐라르의 "귀향, 곧 고향집으로 돌아감은, 그것을 역화하는 모든 몽상 체계와 더불어 고전적 정신분석에 의해 모성으로의 복귀라는 특성을 부여받았다."라는 말에 대입해 보면, 분명히 '모성으로의 복귀'라고 해석할 수 있다. 또한, 바슐라르의 "어머니 품에 대한 모든 이미지들을 잘 포착하고 그 이미지들을 대체하는 세부적 면모들을 검토하는 것은 흥미로울 것이다."라는 말에 연결해 보면, 이 시조에서 고향이라는 '어머니 품'으로의 회귀, 즉 '고향으로의 회귀'라는 깊은 사색을 읽을 수 있다.

가슴속 깊게 묻은 / 서글픈 석별의 정 //

희망찬 파란 꿈결 / 새롭게 맺은 사랑 //
한날에 / 기쁨과 슬픔/ 시소처럼 기운다.

－「시집가는 날」 전문

인용 시조 「시집가는 날」의 "한날에 / 기쁨과 슬픔 / 시소처럼 기운다"는 시소의 기울기와 같은 오락가락 기우는 마음을 표현하고 있다. 저울처럼 시소의 기울기를 통해 삶의 무게를 말하고 있다. 미래지향적인 해석을 해 본다면, 시적 상관물 시소를 통해 '삶의 균형'을 말한다고 볼 수 있다. 아직 미혼인 딸의 미래와 겹쳐 놓은 듯, 어느 결혼 예식장에서 얻은 시상인 듯하다. 결국, '시집가는 날'은 기쁨과 슬픔의 무게가 시소처럼 교차하는 날임이 분명하다.

두둥실 흰 구름 위 / 독수리 타고 날다 //
극한의 온도 속에 / 기내는 신선의 집 //
다 함께 / 이동한 공간 / 상상의 끈 뚜벅
뚜벅.

하늘을 가로막는 / 장애는 하나 없다 // 손
오공 근두운도 / 이러진 못했다. // 그 옛

날 / 장자의 나비 / 무극無極을 배회한다.

–「장자의 꿈」 전문

인용 시조「장자의 꿈」에는 '북극 항로에서'라는 부제가 달려 있다. 이를 미루어 보면, 아마도 시인이 비행기를 타고 북극 항로를 지나갈 때 시상을 잡은 듯하다. 구름 위를 날아가는 비행기라는 물체 자체를 '신선의 집'이라고 인식한다. 비행기를 타고 공간을 이동할 때 상상의 끈에 매달린 온갖 상상이 뚜벅뚜벅 뇌세포에서 걸어 나온다. 이것이야말로 제목에서 알 수 있듯이 장자의 '호접지몽'을 연상하게 하는 시조이다. 속도의 혁명을 이룩한 비행기에 장자의 나비 꿈과 소요유를 겹쳐 놓고 시인 스스로 무극을 배회하듯 장자의 상상력을 한껏 발휘하고 있다. 나아가 이 시조는 고금을 막론하고 하늘을 날기를 갈망했던 인간의 꿈을 실현해 나가는 현대 문명의 위대함을 찬양하는 방점도 내재해 있다.

6. 나가기

이명세 시인은 시조에 인간의 삶을 조탁해 투영해 놓

았다. 객관적 상관물에 투사하거나 동화를 통해 삶을 타진함으로써 궁극적으로는 인간성 회복을 추구하는 내면의 형상화에 초점을 맞추는 경향을 보인다.

이 시인의 이번 시조집의 시조들은 포스트모더니즘의 언어와 시어의 긴장미를 잘 구축했다고 평가해 본다. 아직도 시조시인들 중에는 구습을 답습하거나 진부하고 고리타분한 언어의 시조를 발표하는 경우가 허다하다. 시조는 '시절가時節歌'이다. 현시대의 언어로 현시대의 상황에 적합한 내용으로 창작하는 것이 옳을 것이다. 그런 의미에서 보면, 이명세 시인은 성공적인 시조를 창작하고 있음이 분명하다.

예를 들면, 시조「까마중」의 1연 중장 "새벽녘 이슬 먹고 / 송골한 까만 진주"에서 '송골한'이라는 시어도 새로운 시어이다. '송골송골'이라는 부사를 '송골하다'라는 시어로 변형했다. 즉, 시적 자유를 통해 깜게 잘 영근 까마중이 까만 진주처럼 여겨지도록 시어의 긴장미를 도모한 것이다. 또한, 시조「봄이 오는 소리」의 종장 "돌돌돌 / 녹색 소리에 / 여기저기 눈을 뜬다"에서 '녹색 소리'는 새싹과 새순이 돋는 것을 상징한 것이다. 이것도 새로운 시어의 창조로 읽힌다. '녹색 소리'라는 시어만으로도 시어의 긴장미는 물론 내용의 긴장미까지 읽을 수 있기 때문이다. 나아가 시조 「식재료」의 초장 "덧없는 강제 이주/ 맞닿은 물불 갈피"에서 '물불 갈피'도 시어의 긴장미를 고조시킨다. 물불을 못 가리고 갈피를 못 잡는다는 사면초가 혹은 시련의 극한 상황을 표현한 시어라고 해석할 수 있다.

이처럼 이명세 시인은 한층 격이 높은 시조의 언어를 창조해 낼 줄 안다. 그리고 삶의 본질이 우리의 마음속에 존재한다는 것도 잘 알고 있는 듯하다. 선적 상상력을 바탕으로 한 자아 성찰과 존재론적 사유를 통해 삶의 본질을 마음속에서 이끌어 내고 있기 때문이다. 시적 상관물에 삶을 연결하여 감동적으로 잘 풀어 나가고 있음에 찬사를 보낸다.